Impressum
Verlag: BABADADA GmbH, Nedderfeld 112 , 22529 Hamburg
Geschäftsführer / Verlagsleitung: Harald Hof
Druck: Books on Demand GmbH, In de Tarpen 42, 22848 Norderstedt

Imprint
Publisher: BABADADA GmbH, Nedderfeld 112 , 22529 Hamburg, Germany
Managing Director / Publishing direction: Harald Hof
Print: Books on Demand GmbH, In de Tarpen 42, 22848 Norderstedt

класна кімната
classroom

ділити
divide

186/2

дошка
board

шкільний двір
school yard

вчитель
teacher

папір
paper

писати
write

ручка
pen

письмовий стіл
desk

лінійка
ruler

книга
book

учень
pupil

ранець
satchel

пенал
pencil case

олівець
pencil

точило
pencil sharpener

гумка
rubber

альбом для малювання
drawing pad

малюнок

drawing

пензель

paintbrush

коробка фарб

paint box

ножиці

scissors

клей

glue

зошит

exercise book

домашнє завдання

homework

число

number

додавати

add

віднімати

subtract

множити

multiply

рахувати

calculate

літера

letter

абетка

alphabet

слово

word

текст

text

читати

read

крейда

chalk

година

lesson

класний журнал

register

екзамен

examination

диплом

certificate

шкільна форма

school uniform

освіта

education

лексикон

encyclopedia

університет

university

мікроскоп

microscope

карта

map

кошик для паперу

waste-paper basket

школа - school

готель
hotel

турбаза
hostel

обмінний пункт
currency exchange office

валіза
suitcase

автомобіль
car

мова

language

так / ні

yes / no

добре

Okay

привіт

hello

перекладач

translator

дякую

Thank you

Скільки коштує ...?

how much is...?

Я не розумію

I don´t get it

проблема

problem

Добрий вечір!

Good evening!

Доброго ранку!

Good morning!

На добраніч!

Good night!

До побачення

goodbye

напрямок

direction

багаж

luggage

сумка

bag

рюкзак

backpack

гість

guest

кімната

room

спальний мішок

sleeping bag

намет

tent

туристична інформація

tourist information

пляж

beach

кредитна картка

credit card

сніданок

breakfast

обід

lunch

вечеря

dinner

квиток

Ticket

ліфт

elevator

поштова марка

stamp

межа

border

митниця

customs

посольство

embassy

віза

visa

паспорт

passport

подорож - travel

корабель
ship

літак
airplane

пожежна машина
fire truck

автобус
bus

вантажний автомобіль
truck

моторний човен
motorboat

велосипед
bike

автомобіль
car

пором

ferry

човен

boat

мотоцикл

motorbike

поліцейська машина

police car

гоночний автомобіль

racing car

автомобіль на прокат

rental car

8

ільне користування авто

car sharing

евакуатор

tow truck

сміттєвоз

garbage truck

двигун

engine

паливо

fuel

автозаправна станція

fuel station

дорожній знак

traffic sign

рух

traffic

затор

traffic jam

стоянка

parking lot

вокзал

train station

рейки

tracks

потяг

train

трамвай

tram

вагон

wagon

гелікоптер

helicopter

аеропорт

airport

вежа

tower

пасажир

passenger

контейнер

container

коробка

carton

візок

cart

кошик

basket

стартувати / приземлятися

take off / land

місто

city

село

village

центр міста

city center

дім

house

кіно
movie theater

реклама
advert

вуличний ліхтар
street light

CINEMA

вулиця
street

таксі
taxi

кіоск
snack shop

пішохід
pedestrian

тротуар
sidewalk

пішохідний перехід
zebra crossing

сміттєве відро
dumpster

перехрестя
crossing

світлофор
traffic lights

хатина

hut

квартира

apartment

вокзал

train station

ратуша

city hall

музей

museum

школа

school

університет

university

банк

bank

лікарня

hospital

готель

hotel

аптека

pharmacy

офіс

office

книжковий магазин

book shop

магазин

shop

квітковий магазин

flower shop

супермаркет

supermarket

ринок

market

універмаг

department store

торговець рибою

fishmonger's shop

торговельний центр

mall

гавань

harbor

парк

park

лава

bench

міст

bridge

сходи

stairs

метро

subway

тунель

tunnel

автобусна зупинка

bus stop

бар

bar

ресторан

restaurant

поштова скринька

postbox

вулична табличка

street sign

лічильник паркування

parking meter

зоопарк

zoo

басейн

swimming pool

мечеть

mosque

ферма

farm

забруднення навколишнього середовища

pollution

кладовище

cemetery

церква

church

дитячий майданчик

playground

храм

temple

ландшафт

landscape

листок
leaf

вказівний стовп
signpost

шлях
path

луг
meadow

камінь
stone

дерево
tree

мандрівник
hiker

річка
river

трава
grass

квітка
flower

долина

valley

гора

hill

озеро

lake

ліс

forest

пустеля

desert

вулкан

volcano

замок

castle

веселка

rainbow

гриб

mushroom

пальма

palm tree

комар

mosquito

муха

fly

мурашка

ant

бджола

bee

павук

spider

жук

beetle

жаба

frog

вивірка

squirrel

їжак

hedgehog

заєць

hare

сова

owl

птах

bird

лебідь

swan

кабан

boar

олень

deer

лось

moose

гребля

dam

вітряк

wind turbine

сонячний модуль

solar panel

клімат

climate

офіціант
waiter

меню
menu

стілець
chair

суп
soup

піца
pizza

столові прилади
cutlery

скатертина
tablecloth

закуска

starter

друга страва

main course

десерт

dessert

напої

drinks

їжа

food

пляшка

bottle

фаст-фуд

fast food

вулична їжа

street food

чайник

teapot

цукорниця

sugar bowl

порція

portion

еспресо-машина

espresso machine

високий стільчик

high chair

рахунок

bill

піднос

tray

ніж

knife

вилка

fork

ложка

spoon

чайна ложка

teaspoon

серветка

serviette

склянка

glass

ресторан - restaurant

тарілка

plate

тарілка для супу

soup plate

блюдце

saucer

соус

sauce

солонка

salt shaker

млин для перцю

pepper mill

оцет

vinegar

масло

oil

спеції

spices

кетчуп

ketchup

гірчиця

mustard

майонез

mayonnaise

супермаркет
supermarket

пропозиція
special offer

клієнт
customer

молочні продукти
dairy products

фрукти
fruit

візок для покупок
shopping cart

FOR

м'ясний магазин

butcher's shop

пекарня

bakery

зважувати

weigh

овочі

vegetables

м'ясо

meat

заморожені продукти

frozen food

ковбасна нарізка

cold cuts

консерви

canned food

пральний порошок

detergent

солодощі

candy

предмети домашнього побуту

household products

мийний засіб

cleaning products

продавщиця

sales representative

каса

cash register

касир

cashier

список покупок

shopping list

часи роботи

opening hours

гаманець

wallet

кредитна картка

credit card

сумка

bag

поліетиленовий пакет

plastic bag

вода

water

сік

juice

молоко

milk

кола

coke

вино

wine

пиво

beer

алкоголь

alcohol

какао

cocoa

чай

tea

кава

coffee

еспресо

espresso

капучіно

cappuccino

банан

banana

яблуко

apple

апельсин

orange

кавун

melon

лимон

lemon

морква

carrot

часник

garlic

бамбук

bamboo

цибуля

onion

гриб

mushroom

горішки

nuts

локшина

noodles

спагеті

spaghetti

рис

rice

салат

salad

картопля фрі

fries

смажена картопля

fried potatoes

піца

pizza

гамбургер

hamburger

бутерброд

sandwich

шніцель

escalope

шинка

ham

салямі

salami

ковбаса

sausage

курка

chicken

печеня

roast

риба

fish

вівсяні пластівці

porridge oats

мюслі

muesli

кукурудзяні пластівці

cornflakes

борошно

flour

круасан

croissant

булочка

bread roll

хліб

bread

тостовий хліб

toast

печиво

cookies

масло

butter

сир

curd

пиріг

cake

яйце

egg

яєчня

fried egg

сир

cheese

морозиво

ice cream

цукор

sugar

мед

honey

мармелад

jelly

нуга-крем

nougat cream

карі

curry

сільський будинок
farm house

комора
barn

солом'яні тюки
straw bale

поле
field

кінь
horse

причіп
trailer

лоша
foal

трактор
tractor

віслюк
donkey

вівця
sheep

ягня
lamb

коза
goat

корова
cow

теля
calf

свиня
pig

порося
piglet

бик
bull

гусак

goose

качка

duck

курча

chick

курка

hen

півень

cockerel

щур

rat

кіт

cat

миша

mouse

віл

ox

собака

dog

собача будка

dog house

садовий шланг

garden hose

лійка

watering can

коса

scythe

плуг

plow

серп

sickle

мотика

hoe

вила

pitchfork

сокира

axe

тачка

pushcart

корито

trough

бідон молока

milk can

мішок

sack

паркан

fence

хлів

stable

теплиця

greenhouse

ґрунт

soil

насіння

seed

добриво

fertilizer

комбайн

combine harvester

пожинати

harvest

урожай

harvest

корінь ямсу

yams

пшениця

wheat

соя

soya

картопля

potato

кукурудза

corn

ріпак

rapeseed

плодове дерево

fruit tree

маніок

manioc

злаки

grain

димохід
chimney

дах
roof

водостічний лоток
downspout

вікно
window

гараж
garage

дзвінок
doorbell

двері
door

відро для сміття
trash can

поштова скринька
mailbox

сад
garden

вітальня

living room

ванна кімната

bathroom

кухня

kitchen

спальня

bedroom

дитяча кімната

kids room

їдальня

dining room

підлога

floor

стіна

wall

стеля

ceiling

підвал

cellar

сауна

sauna

балкон

balcony

тераса

terrace

басейн

pool

косарка

lawn mower

простирало

sheet

ковдра

bedspread

ліжко

bed

мітла

broom

відро

bucket

перемикач

switch

шпалери
wallpaper

малюнок
picture

лампа
lamp

поличка
shelf

шафа
cabinet

камін
fireplace

телевізор
television

квітка
flower

подушка
cushion

ваза
vase

диван
sofa

пульт
remote control

килим

carpet

завіса

drape

стіл

table

стілець

chair

крісло-гойдалка

rocking chair

крісло

armchair

книга

book

ковдра

blanket

прикраса

decoration

дрова

firewood

фільм

film

стереосистема

stereo system

ключ

key

газета

newspaper

картина

painting

плакат

poster

радіо

radio

блокнот

notebook

пилосос

vacuum cleaner

кактус

cactus

свічка

candle

холодильник
fridge

мікрохвильова піч
microwave oven

кухонні ваги
kitchen scales

мийний засіб
laundry detergent

тостер
toaster

піч
stove

морозильне відділення
freezer

відро для сміття
trash can

посудомийна машина
dishwasher

плита

cooker

горщик

pot

чавунний горщик

cast-iron pot

вок / кадай

wok / kadai

сковорода

pan

чайник

kettle

пароварка

steamer

лист

baking tray

посуд

crockery

кухоль

mug

чаша

bowl

палички для їжі

chopsticks

черпак

ladle

лопатка

spatula

вінчик для збивання

whisk

сито

strainer

сито

sieve

терка

grater

ступка

mortar

барбекю

barbecue

багаття

fireplace

дошка

chopping board

качалка

rolling pin

штопор

corkscrew

конзерва

can

відкривачка

can opener

прихватки

oven cloth

раковина

sink

щітка

brush

губка

sponge

міксер

blender

морозильна камера

deep freezer

дитяча пляшка

baby bottle

кран

tap

опалення
heating

душ
shower

рушник
towel

душова завіса
shower curtain

пiниста ванна
bubble bath

ванна
bathtub

склянка
glass

пральна машина
washing machine

кран
tap

плитка
tiles

горшок
potty

раковина
sink

туалет
toilet

пiдлоговий туалет
squat toilet

бiде
bidet

пiсуар
urinal

туалетний папiр
toilet paper

щiтка для туалету
toilet brush

зубна щітка

toothbrush

зубна паста

toothpaste

нитка для чищення зубів

dental floss

мити

wash

ручний душ

hand shower

інтимний душ

douche

таз

basin

щітка для спини

back brush

мило

soap

гель для душу

shower gel

шампунь

shampoo

мочалка

flannel

водостік

drain

крем

creme

дезодорант

deodorant

дзеркало

mirror

косметичне дзеркало

hand mirror

бритва

razor

піна для гоління

shaving foam

лосьйон після гоління

aftershave

гребінь

comb

щітка

brush

фен

hair-dryer

лак для волосся

hairspray

косметика

makeup

губна помада

lipstick

лак для нігтів

nail varnish

вата

cotton wool

ножиці для нігтів

nail scissors

парфум

perfume

косметичка

washbag

табурет

stool

ваги

weighing scales

халат

bathrobe

гумові рукавички

rubber gloves

тампон

tampon

гігієнічні прокладки

sanitary towel

біотуалет

chemical toilet

будильник
alarm clock

м'яка іграшка
cuddly toy

іграшковий автомобіль
toy car

брязкальце
rattle

ляльковий будиночок
doll's house

подарунок
present

повітряна кулька

balloon

ліжко

bed

дитячий візок

stroller

картярська гра

deck of cards

пазл

jigsaw

комікс

comic

лего цеглинки

lego bricks

блоки

toy blocks

іграшкова фігурка

action figure

повзунки

romper suit

фризбі

frisbee

мобіле

mobile

настільна гра

board game

кубик

dice

модель залізнична станція

model train set

соска

pacifier

вечірка

party

книжка з картинками

picture book

м'яч

ball

лялька

doll

грати

play

пісочниця

sandpit

гойдалка

swing

іграшка

toys

гральна консоль

video game console

триколісний велосипед

tricycle

плюшевий мішка

teddy bear

шафа

wardrobe

одяг
clothing

шкарпетки

socks

панчохи

stockings

колготки

tights

шарф
scarf

парасоля
umbrella

футболка
t-shirt

ремінь
belt

чоботи
boots

домашнє взуття
slippers

кросівки
sneakers

сандалі
sandals

взуття
shoes

гумові чоботи
rubber boots

труси
underwear

бюстгальтер
bra

нижня сорочка
undershirt

одяг - clothing

боді

body

штани

pants

джинси

jeans

спідниця

skirt

блузка

blouse

сорочка

shirt

пуловер

pullover

светр

sweater

піджак

blazer

куртка

jacket

пальто

coat

дощовик

raincoat

костюм

costume

сукня

dress

весільна сукня

wedding dress

костюм

suit

нічна сорочка

nightgown

піжама

pajamas

сарі

sari

головна хустка

headscarf

чалма

turban

бурка

burka

кафтан

kaftan

абая

abaya

купальник

swimsuit

плавки

trunks

шорти

shorts

тренувальний костюм

tracksuit

фартух

apron

рукавички

gloves

гудзик

button

окуляри

glasses

браслет

bracelet

ланцюг

necklace

кільце

ring

сережка

earring

шапка

cap

плічка

coat hanger

капелюх

hat

краватка

tie

застібка-блискавка

zip

шолом

helmet

підтяжки

braces

шкільна форма

school uniform

уніформа

uniform

нагрудник

bib

соска

pacifier

підгузок

diaper

сервер
server

шаф для документів
filing cabinet

принтер
printer

монітор
monitor

папір
paper

письмовий стіл
desk

миша
mouse

папка
folder

синтезатор
keyboard

кошик для паперу
waste-paper basket

комп'ютер
computer

стілець
chair

кавовий кухоль

coffee mug

калькулятор

calculator

інтернет

internet

ноутбук

laptop

лист

letter

повідомлення

message

мобільний телефон

cell phone

мережа

network

копіювальний пристрій

photocopier

програмне забезпечення

software

телефон

telephone

розетка

plug socket

факс

fax machine

бланк

form

документ

document

купувати

buy

платити

pay

торгувати

trade

гроші

money

долар

dollar

євро

euro

ієна

yen

рубль

rouble

франк

Swiss franc

юанів женьміньбі

renminbi yuan

рупія

rupee

банкомат

cash point

обмінний пункт

currency exchange office

золото

gold

срібло

silver

нафта

oil

енергія

energy

ціна

price

контракт

contract

податок

tax

акція

stock

працювати

work

працівник

employee

роботодавець

employer

фабрика

factory

магазин

shop

економіка - economy

поліцейський
police officer

пожежник
fireman

повар
cook

лікар
doctor

пілот
pilot

садівник
gardener

столяр
carpenter

швачка
seamstress

суддя
judge

хімік
chemist

актор
actor

водій автобуса

bus driver

таксист

taxi driver

рибалка

fisherman

прибиральниця

cleaning lady

покрівельник

roofer

офіціант

waiter

мисливець

hunter

художник

painter

пекар

baker

електрик

electrician

будівельник

builder

інженер

engineer

забійник

butcher

бляхар

plumber

листоноша

postman

професії - occupations

солдат

soldier

архітектор

architect

касир

cashier

флорист

florist

перукар

hairdresser

кондуктор

conductor

механік

mechanic

капітан

captain

дантист

dentist

вчений

scientist

рабин

rabbi

імам

imam

монах

monk

пастор

pastor

щипці
pliers

молоток
hammer

викрутка
screwdriver

кишеньковий л
torch

гайковий ключ
wrench

екскаватор

excavator

ящик для інструментів

toolbox

драбина

ladder

пилка

saw

цвяхи

nails

свердло

drill

ремонтувати

repair

лопата

shovel

лайно!

Damn!

совок

dustpan

відро з фарбою

paint can

гвинти

screws

музичні інструменти
musical instruments

динамік
loud speaker

ударна установка
drum set

гітара
guitar

контрабас
double bass

труба
trumpet

фортепіано

piano

скрипка

violin

бас

bass

литаври

timpani

барабан

drums

клавіатура

keyboard

саксофон

saxophone

флейта

flute

мікрофон

microphone

вхід
entrance

тигр
tiger

клітка
cage

зебра
zebra

корм
animal feed

панда
panda

тварини

animals

слон

elephant

кенгуру

kangaroo

носоріг

rhino

горила

gorilla

ведмідь

bear

верблюд

camel

страус

ostrich

лев

lion

мавпа

monkey

фламінго

flamingo

папуга

parrot

білий ведмідь

polar bear

пінгвін

penguin

акула

shark

павич

peacock

змія

snake

крокодил

crocodile

працівник зоопарку

zookeeper

тюлень

seal

ягуар

jaguar

поні
pony

леопард
leopard

гіпопотам
hippo

жираф
giraffe

орел
eagle

кабан
boar

риба
fish

черепаха
turtle

морж
walrus

лисиця
fox

газель
gazelle

американський футбол
American football

їзда на велосипеді
cycling

теніс
tennis

баскетбол
basketball

плавання
swimming

бокс
boxing

хокей
ice hockey

футбол
soccer

бадмінтон
badminton

легка атлетика
athletics

гандбол
handball

лижні перегони
skiing

поло
polo

стрибати
jump

обіймати
hug

сміятися
laugh

йти
walk

співати
sing

молитися
pray

цілувати
kiss

мріяти
dream

писати
write

малювати
draw

показувати
show

тиснути
push

давати
give

брати
take

мати

have

робити

do

бути

be

стояти

stand

бігати

run

тягнути

pull

кидати

throw

падати

fall

лежати

lie

очікувати

wait

носити

carry

сидіти

sit

одягати

get dressed

спати

sleep

просипатися

wake up

дивитися
look at

плакати
cry

гладити
stroke

розчісувати
comb

розмовляти
talk

розуміти
understand

питати
ask

слухати
listen

пити
drink

їсти
eat

прибирати
tidy up

любити
love

варити
cook

їхати
drive

літати
fly

дії - activities

йти під вітрилом
....
sail

рахувати
....
calculate

читати
....
read

вчитися
....
learn

працювати
....
work

одружуватися
....
marry

шити
....
sew

чистити зуби
....
brush teeth

убивати
....
kill

курити
....
smoke

посилати
....
send

бабуся
grandmother

дідуся
grandfather

батько
father

мати
mother

немовля
baby

донька
daughter

син
son

гість

guest

тітка

aunt

дядько

uncle

брат

brother

сестра

sister

чоло
forehead

око
eye

плече
shoulder

палець
finger

обличчя
face

підборіддя
chin

кисть
hand

груди
breast

нога
leg

рука
arm

немовля

baby

чоловік

man

жінка

woman

дівчина

girl

хлопчик

boy

голова

head

спина

back

живіт

belly

пуп

navel

палець ноги

toe

п'ята

heel

кістка

bone

стегно

hip

коліно

knee

лікоть

elbow

ніс

nose

сідниці

buttocks

шкіра

skin

щока

cheek

вухо

ear

губа

lip

рот

mouth

зуб

tooth

язик

tongue

мозок

brain

серце

heart

м'яз

muscle

легені

lung

печінка

liver

шлунок

stomach

нирки

kidneys

статевий акт

sex

презерватив

condom

яйцеклітина

ovum

сперма

semen

вагітність

pregnancy

тіло - body

менструація

menstruation

вагіна

vagina

пеніс

penis

брова

eyebrow

волосся

hair

шия

neck

лікарня
hospital

машина швидкої допомоги
ambulance

інвалідний візок
wheelchair

перелом
fracture

лікар

doctor

відділення швидкої
медичної допомоги

emergency room

медсестра

nurse

аварійний випадок

emergency

непритомний

unconscious

біль

pain

травма
injury

кровотеча
bleeding

інфаркт
heart attack

інсульт
stroke

алергія
allergy

кашель
cough

лихоманка
fever

грип
flu

пронос
diarrhea

головна біль
headache

рак
cancer

діабет
diabetes

хірург
surgeon

скальпель
scalpel

операція
operation

лікарня - hospital

73

КТ

CT

рентген

x-ray

ультразвук

ultrasound

маска

face mask

хвороба

disease

зал очікування

waiting room

милиця

crutch

пластир

plaster

пов'язка

bandage

ін'єкція

injection

стетоскоп

stethoscope

ноші

stretcher

термометр

clinical thermometer

народження

birth

надмірна вага

overweight

слуховий апарат

hearing aid

дезінфікуючий засіб

disinfectant

інфекція

infection

вірус

virus

ВІЛ / СНІД

HIV / AIDS

медицина

medicine

вакцинація

vaccination

таблетки

tablets

протизаплідна пігулка

pill

екстрений виклик

emergency call

тонометр

blood pressure monitor

хворий / здоровий

ill / healthy

Допоможіть!	сигнал тривоги	напад
Help!	alarm	assault
атака	небезпека	аварійний вихід
attack	danger	emergency exit
Вогонь!	вогнегасник	аварія
Fire!	fire extinguisher	accident
аптечка	СОС	поліція
first-aid kit	SOS	police

Європа

Europe

Північна Америка

North America

Південна Америка

South America

Африка

Africa

Азія

Asia

Австралія

Australia

Атлантика

Atlantic

Тихий океан

Pacific

Індійський океан

Indian Ocean

Антарктичний океан

Antarctic Ocean

Північний Льодовитий
океан

Arctic Ocean

Північний полюс

North pole

Південний полюс

South pole

Антарктика

Antarctica

Земля

earth

суша

land

море

sea

острів

island

нація

nation

держава

state

циферблат

clock face

годинникова стрілка

hour hand

хвилинна стрілка

minute hand

секундна стрілка

second hand

Котра година?

What time is it?

день

day

час

time

зараз

now

цифровий годинник

digital watch

хвилина

minute

година

hour

Понеділок
Monday

Середа
Wednesday

П'ятниця
Friday

Вівторок
Tuesday

Субота
Saturday

Четвер
Thursday

Неділя
Sunday

вчора

yesterday

сьогодні

today

завтра

tomorrow

ранок

morning

опівдні

noon

вечір

evening

робочі дні

workdays

кінець робочого тижня

weekend

дощ
rain

весна
spring

веселка
rainbow

літо
summer

вітер
wind

осінь
fall

сніг
snow

зима
winter

прогноз погоди

weather forecast

термометр

thermometer

сонячне світло

sunshine

хмара

cloud

туман

fog

вологість повітря

humidity

блискавка

lightning

грім

thunder

шторм

storm

град

hail

мусон

monsoon

повінь

flood

лід

ice

Січень

January

Лютий

February

Березень

March

Квітень

April

Травень

May

Червень

June

Липень

July

Серпень

August

рік - year

Вересень

September

Жовтень

October

Листопад

November

Грудень

December

форми
shapes

круг

circle

квадрат

square

прямокутник

rectangle

трикутник

triangle

куля

sphere

куб

cube

білий

white

жовтий

yellow

помаранчевий

orange

рожевий

pink

червоний

red

фіолетовий

purple

синій

blue

зелений

green

коричневий

brown

сірий

gray

чорний

black

багато / мало

a lot / a little

лютий / мирний

angry / calm

гарний / бридкий

beautiful / ugly

початок / кінець

beginning / end

великий / малий

big / small

світлий / темний

bright / dark

брат / сестра

brother / sister

чистий / брудний

clean / dirty

завершений /
незавершений
complete / incomplete

день / ніч

day / night

мертвий / живий

dead / alive

широкий / вузький

wide / narrow

їстівний / неїстівний

edible / inedible

злий / дружній

evil / kind

збуджений / нудьгуючий

excited / bored

товстий / тонкий

fat / thin

спочатку / востаннє

first / last

друг / ворог

friend / enemy

повний / порожній

full / empty

жорсткий / м'який

hard / soft

важкий / легкий

heavy / light

голод / спрага

hunger / thirst

хворий / здоровий

ill / healthy

незаконний / законний

illegal / legal

розумний / дурний

intelligent / stupid

вліво / вправо

left / right

поруч / далеко

near / far

новий / використаний

new / used

нічого / щось

nothing / something

старий / молодий

old / young

вкл / викл

on / off

відкрито / закрито

open / closed

тихо / гучно

quiet / loud

багатий / бідний

rich / poor

правильно / неправильно

right / wrong

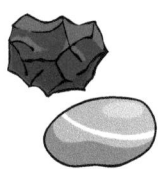

шорсткий / гладкий

rough / smooth

сумний / щасливий

sad / happy

короткий / довгий

short / long

повільно / швидко

slow / fast

вологий / сухий

wet / dry

гарячий / холодний

warm / cool

війна / мир

war / peace

числа

numbers

0

нуль

zero

1

один

one

2

два

two

3

три

three

4

чотири

four

5

п'ять

five

6

шість

six

7

сім

seven

8

вісім

eight

9

дев'ять

nine

10

десять

ten

11

одинадцять

eleven

12

дванадцять

twelve

13

тринадцять

thirteen

14

чотирнадцять

fourteen

15

п'ятнадцять

fifteen

16

шістнадцять

sixteen

17

сімнадцять

seventeen

18

вісімнадцять

eighteen

19

дев'ятнадцять

nineteen

20

двадцять

twenty

100

сто

hundred

1.000

тисяча

thousand

1.000.000

мільйон

million

languages

англійська

English

американська англійська

American English

китайська
високочиновницька

Chinese Mandarin

хінді

Hindi

іспанська

Spanish

французька

French

арабська

Arabic

російська

Russian

португальська

Portuguese

бенгальська

Bengali

німецька

German

японська

Japanese

я
....
I

ти
....
you

він / вона / воно
....
he / she / it

ми
....
we

ви
....
you

вони
....
they

хто?
....
who?

що?
....
what?

як?
....
how?

де?
....
where?

коли?
....
when?

ім'я
....
name

ззаду

behind

в

in

перед

in front of

над

over

на

on

під

under

біля

beside

між

between

місце

place